AF253483

DU RÔLE
DE LA FRANCE

DANS LA

QUESTION D'ORIENT.

CONGRÈS UNIVERSEL ET PERPÉTUEL

A CONSTANTINOPLE.

(Deuxième Édition complétée par l'auteur.)

I

Proposition d'un congrès universel et perpétuel, formant une juridiction supernationale et la constitution représentative des peuples. — Les peuples seraient accessibles à cette proposition à raison de leur degré de civilisation. — Esprit des grandes puissances de l'Europe. — La Russie, l'Angleterre, l'Autriche, la Prusse, la France.

La question d'Orient est l'épée de Damoclès suspendue sur la tête des peuples; un souffle du vent peut la faire tomber et ensanglanter la terre; une influence bonne et féconde peut en faire sortir l'association pacifique et définitive des états et des nations.

Il n'est qu'un moyen fondamental de voir les différends innombrables qu'elle renferme se dénouer par une issue régulière; et ce moyen, il appartient à la France de le proposer et de le dicter au besoin. Ce serait un projet immense, noble, légitime, s'il en fût jamais, et dont l'exécution fermerait les portes des siècles de barbarie, pour ouvrir largement ceux de la civilisation positive. La question d'Orient serait considérée comme tenant (ce qui est vrai) aux intérêts de tous les états et de tous les peuples du globe; un CONGRÈS UNIVERSEL s'ouvrirait pour traiter cette grande affaire du point de vue de l'harmonie universelle et de l'unité des nations.

Avant de développer cette proposition, jetons un coup-d'œil sur la situation générale des principaux états de l'Europe, et examinons quelles peuvent-être, en ce moment, les tendances à la paix ou à la guerre? Ces tendances sont complexes, elles se combinent de l'esprit propre à chaque peuple qu'il faut appeler sa *nationalité*, et de la nature du gouvernement qui le régit.

La Russie, par exemple, est essentiellement conquérante dans sa nationalité. Jeune encore et inculte, elle présente l'aspect vivace de ces hordes qui envahirent plusieurs fois les contrées méridionales, sous différents chefs. Elle est mue particulièrement par sa mauvaise position géographique et les frimats qui la poussent vers des régions plus tempérées. Ceci est un fait organique dont la reproduction a marqué, à plusieurs époques, la tendance de son activité naturelle. La Russie a froid, elle voudrait se chauffer au soleil du midi de l'Europe et de l'Asie. Sa sensualité naissante aspirerait aussi à se repaître du produit industriel des pays plus fertiles, plus avancés en civilisation et d'une culture plus féconde. Si nous ajoutons à cela le stimulant de la gloire militaire d'autant plus puissant chez un peuple que son éducation est moins avancée, nous comprendrons qu'il y a dans le peuple russe un ensemble de conditions propres à déterminer son activité pour une invasion dans les contrées du midi.

Quant au gouvernement russe, son ambition participe également de la nature conquérante. Monarchie unitaire et absolue, il rêve ce qu'ont ambitionné tous les despotes, la conquête et le trône de l'univers. Il y a donc conformité de tendance entre la Russie et son gouvernement; il y a unité de vouloir pour la conquête et l'invasion. Cela est tellement vrai que, depuis plus d'un siècle, la politique de Pétersbourg est organisée pour la satisfaction de ce besoin, et l'illustre captif de Ste-Hélène comprenait bien cet état de choses, lorsqu'il a fait aux contrées méridionales les plus sinistres prédictions au cas où elles ne sauraient pas développer et organiser leurs libertés. D'après ce caractère, la Russie espère plus des chances brutales de la guerre que des traités réguliers d'un congrès ; il y a peu de probabilité qu'elle acceptât sincèrement et comme définitive la représentation des peuples ; mais la Russie, en cas de guerre, est moins redoutable qu'elle ne le paraît ; c'est un géant qui ne meut pas ses membres au gré de son ambition, et dont le sommeil n'est pas exempt d'inquiétudes intérieures. La Pologne seule lui causerait bien des soucis, le jour où le canon de France ferait écho à Varsovie.....

L'Angleterre aussi est conquérante. — Du haut de son rocher, comme l'aigle des mers, Albion voit dans chaque débris des empires une proie qui doit agrandir le sien. La conquête et la domination de l'univers, voilà ce que le cabinet de St.-James envierait aussi bien que celui de Pétersbourg. Cette ambition fait le fonds de la nationalité anglaise, et ce n'est que dans l'idée de la conquête et de l'exploitation du monde, que les éléments hétérogènes qui composent sa société et son gouvernement peuvent trouver un point d'accord et un but commun d'activité.

Mais il y a une différence essentielle entre l'esprit de l'Angleterre et celui de la Russie, en ce que l'impulsion de la première est modifiée par les principes civilisateurs et les lumières qu'elle porte en elle. Car s'il y a en Angleterre une tendance vers la conquête brutale et l'exploitation du monde, il y en a une également vers la liberté des peuples et la discussion des traités. L'Angleterre a ses *Tories*, c'est-à-dire ses despotes ; mais elle a aussi ses *Wighs* et ses *Radicaux*, soutiens plus ou moins intelligents des droits humains et du progrès social. Encore barbare, pour ainsi dire, dans son aristocratie et sa populace, l'Angleterre possède à son milieu un germe déjà largement développé de ce principe civilisateur qui, une fois descendu dans les esprits, répond sympathiquement aux appels de la raison et de l'harmonie. L'Angleterre, en un mot, est accessible à une proposition qui aurait pour objet de substituer à la force des armes la puissance de la conciliation, et de traiter dans un congrès ce qui a rapport à la question d'Orient. Voilà, selon nous, ce qui donne à l'Angleterre un caractère particulier et bien différent de celui de la Russie. Oui, l'Angleterre, pour peu que son esprit national prévalut sur les roueries traditionnelles de son cabinet, adopterait l'idée du congrès; et la France n'est pas sans moyens pour faire prévaloir l'esprit national en Angleterre...

L'Autriche n'a pas de nationalité propre; car elle n'a aucun projet d'action bonne ou mauvaise sur elle-même ou sur l'univers, et pour lequel se passionnent ensemble ou séparément le peuple et le gouvernement. L'Autrichien est plié au joug féodal et apprend de l'église romaine à servir aveuglément. Il n'existe en Autriche aucun sentiment déterminé ni pour une guerre d'invasion, ni pour une civilisation pacifique et libérale. Ce peuple est à l'état passif. Exploité par ses maîtres, l'exploitation de l'Italie et de quelques provinces qui l'avoisinent suffisent à son orgueil comme nation. Mais, dans le cas où la question d'Orient serait posée prochainement à sa véritable place, et viendrait par conséquent, à dominer toutes les questions internationales, l'Autriche voudrait-elle la voir trancher par la guerre ou par la discussion d'un congrès? C'est là un problême difficile à résoudre du point de vue spéculatif. Dans un pays où la monarchie et la noblesse sont tout l'état, il est à craindre que le pouvoir ne sacrifie les intérêts nationaux et humains à son propre égoisme. En conséquence, l'analogie de principes politiques pourrait entraîner l'Autriche à une alliance avec la Russie. Mais dans cette alliance confiée au sort des combats, à quelles conséquences ne serait pas exposée l'Autriche? Du jour où le mouvement russe serait devenu irrésistible et sa gravitation vers le midi et l'occident victorieuse, l'Autriche serait tombée la première sous la suzeraineté des Czars; elle courrait les risques, ou plutôt elle serait assurée de perdre le rang qu'elle occupe parmi les nations.

Si l'Autriche entend bien ses intérêts nationaux, (et il y a moyen de les lui faire comprendre), elle ne peut que se ranger du côté des traités pacifiques, c'est-à dire embrasser franchement les tendances civilisatrices. Elle serait alors pour la paix d'abord, et en cas de guerre elle s'opposerait à la Russie. L'Autriche a pour se déterminer dans ce sens, des raisons d'avenir sur lesquelles il importerait que son peuple eût les yeux ouverts. La circonscription politique de l'Autriche n'est pas normale. Cet empire n'a ni les ports de mer qui conviennent à son commerce, ni la dignité qu'il peut acquérir comme nation. L'Italie ne lui appartient pas; il jouit là d'une conquête trompeuse qui lui échappera un jour par la force des choses ; et où seraient alors ses débouchés marins ?

L'Autriche a mieux que cela à attendre d'un traité rationnel; c'est du côté où coulent les flots du Danube, que cette puissance doit désormais diriger ses vues. L'Autriche, tout en conservant un libre transit par l'Adriatique, doit avoir à l'avenir, des ports considérables sur la mer Noire, et il sera de l'intérêt général qu'elle les possède et qu'ils lui soient maintenus. Un congrès qui règlerait rationnellement les affaires des nations produirait ce résultat, un des plus propres à confiner la Russie dans ses terres et à neutraliser sa gravitation vers l'occident...

La prusse ne manque pas d'esprit national, malgré quelques divergences d'opinions sur le Rhin et ses dissidences religieuses. C'est là un état qui, en cas de guerre, peut lever haut sa bannière et peser puissamment dans la balance des destinées. Mais la Prusse n'a aucun intérêt à la guerre comme nation, car elle connaît déjà le prix des relations commerciales et de l'émancipation intellectuelle. Quant à son gouvernement, bien qu'il présente la forme de la monarchie la plus absolue, il est déjà bien diffèrent dans son esprit de ceux de Russie et de l'Autriche. En Prusse, l'absolutisme du pouvoir a été modifié dans un sens favorable, et mis en harmonie avec la sociabilité par la réforme religieuse.—Le protestantisme y exerce une influence douce et lumineuse, qui tempère l'énergie des formes absolues. Il est donc à présumer que la Prusse, toute guerrière qu'elle est dans son aspect national, serait peu disposée à une conflagration générale. — Que pourrait-il, en effet, lui revenir de la guerre, et pour la faire, à qui se déciderait-elle à s'allier ? La Prusse ne s'allierait par inconsidérément à la Russie, par la raison que, comme nation, elle a à redouter la prépondérance du colosse, et que, comme gouvernement, elle aurait à craindre de se voir dépassée par l'esprit libéral qui existe dans les provinces Rhénanes et dans les états confédérés.— Donc la Prusse serait au moins indécise, en cas de guerre. Mais dans l'hypothèse où elle adopterait les transactions pacifiques, elle aurait une influence d'autant plus marquée que ses vues sur l'Orient étant moins directes que celles de plusieurs autres puissances, elle pourrait revêtir, dans un congrès universel, l'autorité de la conciliation. Il faut à la Prusse de bons chemins de fer, des canaux, des ports sur la Baltique et la rive droite du Rhin, et un transit conventionnel du côté de Trieste, pour arriver à la Méditerranée, ainsi que la Bavière, les Etats de la confédération germanique, etc. Ce sont là des avantages qu'elle possède en partie, mais dont elle ne pourra obtenir le complément que par des traités, placés sous l'inspiration du droit des nations et de l'humanité. La Prusse, en un mot, se trouve dans des conditions à admettre, au lieu de la guerre, les moyens intellectuels du mouvement pacifique. Un congrès général devrait évidemment convenir à ses dispositions et à ses intérêts nationaux.

La France, depuis dix ans, n'a pas eu de nationalité bien manifeste, c'est-à-dire de pensée nationale se reproduisant dans un but déterminé et d'une portée quelconque. Après avoir passé par les périodes de l'exaltation philosophique, révolutionnaire, conquérante, et encore révolutionnaire, en moins d'un demi siècle, elle s'est assoupie de lassitude. La France a fait une halte; et ce n'est point ainsi qu'on l'a dit, dans la boue, mais sur les plus belles palmes qu'ait jamais cueillies la main d'un peuple, après les plus nobles travaux qu'ait accomplis une nation.

La France a dormi, voilà le fait.—Examinez, sans esprit de parti, ce calme plat, cette existence négligée; ces murmures incohérents, ces soubresauts irréguliers ! Que voyez-vous-là ? Est-ce comme on l'a dit, une dégénérescence des esprits, des mœurs, du patriotisme ?... Pour moi, je vois dans la France une vie qui coule à pleine artère, des améliorations sociales se produisant d'elles-mêmes, des tendances spontanées vers un avenir infini et meilleur, en un mot, des éléments sociaux tels que jamais pays au monde n'en posséda d'aussi puissant et d'aussi divers. Seulement tout cela s'est présenté, jusqu'ici à l'état individuel et objectif; on n'y a guère aperçu la concordance qui résulterait d'une direction unitaire et active ; on n'y a pas senti un gouvernement déterminé et intelligent ; le but de son existence n'a pas apparu clairement.

Mais quant à la nation, croyez-le bien, son affaissement momentané n'a été que la somnolence du génie et la confiance du fort au milieu des périls ? Que son gouvernement fasse un appel aux nobles sentiments qui font son essence ; qu'il lui parle de se lever pour sa propre gloire et pour la liberté du monde ! La France alors sera debout comme le voyageur réveillé au bord de la route qu'il a à faire.

Mais la route qu'a à faire la France n'est pas seulement celle qui mène aux champs de bataille. Pour un peuple élcairé la guerre n'est qu'un moyen, le but est plus haut placé. Si la France se lève pour la guerre, ce ne sera que pour réparer une grande faute commise après la révolution de juillet.—Les esprits ne seront amenés à l'unité de participation et d'efforts qu'autant qu'il s'agira de laisser désormais les voies d'une politique étroite et tortueuse, pour se mettre ouvertement à la tête de la civilisation du monde et en poursuivre les efforts avec une constance, une prudence et une fermeté qui nous garantissent la sympathie des peuples et celle des esprits éclairés de tous les pays.

II

Le rôle de la France est de faire prédominer la morale et l'intelligence, comme celui de la Russie est de faire prédominer la force.— Constantinople est situé de manière à devenir le centre de la politique universelle. — Admirable forme des conciles Chrétiens.

Jusqu'à ce jour, ce sont des hommes qui ont proclamé la pensée de régénérer la vieille Europe et de civiliser l'Asie. Il faut maintenant que ce soit une nation qui la fasse triompher. Et quelle est la nation à même de prendre l'initiative, si ce n'est la France ? Non seulement la France est appelée à faire prédominer les éléments moraux et intellectuels sur la force, la rapine ; mais encore elle est obligée à un tel rôle en face des autres peuples qu'elle ne peut plus surpasser, si ce n'est par l'ascendant des lumières et des produits en tous genres de l'esprit. Car, remarquez-le bien, une nation perd en force brute ce qu'elle gagne en liberté et en intelligence, et la France est déjà arrivée à un degré de civilisation tel que sa conservation propre lui fait une nécessité d'agir sur les autres nations par le principe qui est en elle, celui de la souveraineté morale. Autrement, elle subirait bientôt le sort que la Grèce civilisée eut à subir de la part des Romains encore incultes , et que les barbares déversèrent à leur tour sur l'empire de Rome, après qu'il fût policé. Les peuples civilisés sont toujours envahis par ceux qui ne le sont pas, s'ils n'exercent sur ces derniers une action incessante. C'est là une loi de nature que rien ne saurait changer : du moment où l'esprit cesse d'agir , la matière réagit.

La France doit donc se réveiller avec un noble projet. Il faut qu'elle lève plus haut son drapeau; je ne dis pas le drapeau sanglant de ses bataille , ni celui de ses révolutions violentes , mais le drapeau plus pur où elle a inscrit cette devise pacifique , progressive et énergique : L'ORDRE ET LA LIBERTÉ ! Il n'y a pas pour la France d'autre voie à la grandeur et à la gloire , que sous l'inspiration du progrès généralisateur qui , pour avoir été comprimé par un système absolu prit, à deux époques grandes , une manifestation redoutable et victorieuse. Son nouveau gouvernement aussi, cet arbre encore sans racines , ne saurait trouver un peu de sève et de chaleur que sous le soleil et dans l'esprit du jour où il est né. Ce soleil et ce jour sont dans l'enthousiasme de 1830 qu'une voix austère invoquait il y a six mois au sein du parlement ! L'enthousiasme de 1830 !... Ce n'était point la féroce passion de la guerre de conquête, ni même la vengeance de l'opprimé contre l'oppresseur ; c'était un saint appel à la liberté légale , au

progrès intellectuel et laborieux, au banquet de
la vie universelle, en un mot, préparé de par la
main de Dieu! Tel fut en effet l'esprit de la révolution de juillet : essentiellement providentiel et bon,
il manifestait en nous la seule nationalité désormais
possible, le seul but assez élevé pour passionner la
France et déterminer unitairement son activité. De
même que l'invasion par les armes tourmente plusieurs peuples et particulièrement la Russie, ainsi
la France est poussée à faire invasion par les idées.
Si la France n'exerce pas sa tendance, si elle ne la
fait pas triompher, elle succombera. Il faut donc
que la France influe sur l'univers par l'IDÉE. Mais,
pour le faire efficacement et avec l'*ordre* qui est sa
devise, elle doit chercher à faire passer sa *liberté*
par la filière des congrès; c'est-à-dire convier les autres puissances, et les forcer au besoin, à verser elles-
mêmes et méthodiquement sur les peuples, les
bienfaits du progrès. Il faut donc que la France
traduise en forme pacifique, s'il est possible,
et en système régulier l'esprit de ses révolutions;
mais il faut qu'elle le produise à tout prix, fus-
se même au prix de la guerre, et qu'elle se meu-
ve dans cette inspiration évidemment marquée du
sceau de l'apostolat : à cette condition elle sera l'arbitre des destinées du monde.

Que la guerre éclate ou non, la France proposera
et propagéra de toute manière le projet d'un congrès universel et perpétuel à Constantinople, dans

lequel les nations intéressées à la question d'Orient (et c'est dire tous les peuples du monde) seront représentées. Là, se traiteront cette question et beaucoup d'autres qui lui sont corrélatives; là, s'élèvera à jamais sur les dissidences actuelles et ultérieures des peuples, un tribunal suprême, *gouvernement des gouvernements*, qui les régira par la puissance morale de ses décisions ; je dis à Constantinople, capitale presque neutre aujourd'hui, et qui doit l'être absolument par la suite ; je dis encore à Constantinople, parce que la situation géographique de cette ville en fait la tête du globe terrestre, et que, dans cette tête, il importe de faire entrer les principes de la civilisation, si l'on ne veut y voir pénétrer les passions de la barbarie.

Je désire vivement de fixer l'attention des esprits sérieux sur un tel projet ; car l'idée la plus féconde du siècle, selon moi, idée qui doit triompher de nos jours ou périr, peut-être, serait la reprise de ces vastes délibérations sénatoriales dont les premiers conciles chrétiens avaient jeté les bases : forme solennelle et majestueuse donnée à la discussion des intérêts généraux, et dont la mobilité inspiratrice, restreinte d'abord, matérialisée ensuite et finalement supprimée par le papisme ignare de Rome, devint stérile pour le genre humain ! Jamais des questions de l'importance soulevées au sujet de l'Orient, ne seront résolues autrement que dans une série de congrès généraux, je dirai plus perpétuels.

dans lesquels tous les états auront une représentation : représentation qui, je le répète, sera établie
à Constantinople, centre de l'univers, et position
sans pareille pour fonder, non point un trône ou
une domination exceptionnelle quelconque, mais
l'unité fédérale des intelligences et des intérêts,
unique synthèse assez vaste pour que l'esprit humain puisse y progresser avec *ordre et liberté*, et les
peuples s'associer en vue d'un échange rapide et
pacifique de leurs idées et de leurs produits.

III

Combien les états de l'Asie sont intéressés à la question d'Orient — Après la guerre il faut toujours en venir à conclure des traités — Le congrès universel pourrait de nos jours accomplir l'œuvre sociale dans laquelle les conciles chrétiens ont échoué. — Magnifique spectacle de l'unité des relations universelles.

Les intérêts que soulève la question d'Orient sont infiniment complexes : intérêts moraux et matériels, principes de gouvernement, religions, instincts populaires, divergeances de mœurs et d'habitudes, tout se presse dans ce vaste problême. Ce sont là autant d'éléments qui peuvent se combatte aussi bien que s'assimiler, mais qui existent certainement, comme toutes les parties de l'univers lui-même et les sociétés, sous le principe de l'éternelle harmonie, et tendent à une agrégation commune et féconde. Si les états de l'Europe ont leur nationalité, leur intelligence réfléchie, leur richesses acquises par l'industrie, leur capacité guerrière, leurs gouvernements sur quelques points perfectionnés, et leur positif; ceux de l'Asie ont leurs religions ferventes, leurs traditions vénérées, leurs monarchies

profondément hiérarchiques, leur imagination vive,
leur sensibilité extrême, leur originalité, leur poé-
sie, et enfin un sol opulent dans sa virginité. Entre l'Orient et l'Occident, il y en général, un caractère de disparité qui semble appeler ces deux
continents à se compléter l'un par l'autre comme
deux sexes différents.

La guerre peut-elle produire cet accord ; est-elle
appelée à féconder, par leur union, tous ces éléments ?... Elle n'y suffirait pas ; car la guerre n'est
que la négation d'une situation donnée. La Grèce
et Rome avaient déjà leur question d'Orient ; elles
ont vainement ensanglanté les rives de la Méditerranée et du Pont-Euxin. Les conquêtes d'Alexan-
dre et celles des Césars en Asie et en Afrique, sont
restées sans conséquences sociales, ainsi que les in-
cursions des Asiatiques et des Africains sur le sol
européen. Les croisades ont été plus malheureuses
encore ; dans cette lutte dont la cause et si mysté-
rieuse, elles ont deshonoré l'étendard et le nom
chrétien. Les guerres n'aboutissent qu'à des satis-
factions momentanées et exceptionnelles ; un peuple renverse un autre peuple et le dépouille, il y a
jouissance pour l'un, misère pour l'autre, avilissement pour tous deux ; le maître et l'esclave se re-
muent dans le cercle vicieux de la conquête ; mais
rien n'a progressé dans le sens moral et effectif de
la destinée. Voyez seulement de nos jours à quoi
ont abouti nos victoires de l'empire ? Hélas ! au

traité de Vienne dicté par le droit du plus fort. Là, nous avons restitué, sous la loi du vainqueur, ce que nous avions conquis , et bien plus encore...

Il faut donc , je le répète , s'arrêter au système du Congrès universel ; le poser comme la base de tous les traités internationaux et de l'association définitive des peuples. Ce projet répond à tous les vrais principes comme à toutes les nécessités réelles , au présent et à l'avenir , à l'ordre et à la liberté. Il est à la fois l'expression des besoins de la morale et de ceux de la politique ; il satisfait aux vues terrestres et aux espérances de l'ordre immortel ; il embrasse l'esprit et la matière du monde ; enfin , il se présente comme la plus vaste sphère dans laquelle puisse se mouvoir le génie humain.

Le christianisme ne put pas réaliser tout ce que cette forme avait de fécond. Sa morale fut trop généreuse , trop sublime pour l'époque à laquelle elle entreprit l'œuvre sociale. L'esprit de ce temps-là , ses moyens intellectuels de propagation d'application et de rapports lui furent insuffisants... L'ambition des sectaires aussi put , à la faveur des ténèbres qu'elle jeta sur le monde, déjouer l'avenir de l'institution.

Mais si cette grande représentation des peuples venait à se réaliser aujourd'hui , elle aurait des moyens assez complets déjà pour rendre son œuvre efficace. Elle aurait la presse et le télégraphe pour la communication de la pensée ; elle aurait la vapeur sur terre et sur mer, pour abréger les distances, et, enfin, la langue française assez perfectionnée déjà, pour satisfaire aux expressions les plus diverses, et devenir la langue universelle. Au lieu de la bizarre métaphysique indienne qui envahit et dénatura les discussions des conciles chrétiens, elle aurait à son usage les sciences développées dans l'Occident. A la place de l'ascétisme fatal et de l'esprit de contemplation qui furent dominant dès le IVe siècle, elle verrait se produire avec honneur le goût de l'activité et du travail reconnus de nos jours pour être les mobiles légitimes de tout progrès, de toute liberté, de toute probité, et la seule expiation voulue de Dieu, au point de vue mystique. L'esprit et la matière qui sont depuis si longtemps en guerre seraient en position d'apprécier leur commune indépendance ; il y aurait place à l'alliance définitive du sentiment et de l'idée, de la conception et de l'intelligence, enfin de l'esprit de la matière. La synthèse et l'analyse seraient enfermées dans un même cercle, et par cet accord dans les éléments fondamentaux, les affaires de l'Orient et de l'Occident seraient amenés à une conciliation définitive. Constantinople serait à la fois le forum et le temple de l'univers !

Alors, plus de guerre ! Et à quoi servirait encore la guerre. Les armes ont-elles jamais résolu convenablement une seule question ? Après l'épuisement des forces et des ressources physiques, n'est-on pas toujours ramené à l'autorité des arguments et du droit ! Supposons, par exemple, cette grande question : *Le parcours des mers ne doit-il pas être libre pour tous les hommes, pour tous les peuples, et pour tous les produits commerciaux? Tous les produits commerciaux, tous les peuples et tous les hommes ne doivent-ils pas, moyennant les garanties d'ordre et de prospérité relatives, jouir d'un transit paisible à travers toutes les nations!* .. Assurément, vous ne résoudrez jamais par la force un problême si important et qui en contient tant d'autres, parce que la force est exclusive des lumières et de la justice. Mais dans une délibération élevée au point de vue religieux de l'harmonie générale, elle sera résolue par la pondération intelligente des avantages et des intérêts des divers peuples.

J'ai dit qu'une fois arrivée à la réalisation du congrès universel et perpétuel il n'y avait plus de guerre : ne croyez pas pour cela que j'entrevoie le terme de l'activité de l'homme, la fin de son héroïsme et de sa gloire ; ne pensez pas que je veuille voir l'univers retomber dans le platonisme contemplatif du moyen-âge et dans le sentimentalisme exagéré du vieux temps : l'activité sera plus que jamais nécessaire dans cet avenir pacifique ou la puissance humaine sera entièrement dirigée sur l'exploitation de la matière. Quant à l'héroïsme et la gloire, des palmes leur sont réservées, qui seront plus vraies, plus nobles et surtout plus pures qu'elles ne le furent jamais, puisque leur but sera la glorification et le bien-être du genre humain tout entier.

Pour élever ainsi les questions politiques à la hauteur de la destinée sociale, et faire converger leur individualité vers un centre universel d'intérêts et de civilisation, il n'y a rien à bouleverser ; il n'y a même rien à supprimer dans l'état matériel des choses. Il suffit de transformer les éléments physiques, et de les appliquer à leur véritable usage. Vous avez, par exemple, des armées organisées ? Eh bien, maîtres du monde ! qu'elles conservent leur drapeau, leur ordre, leur hiérarchie. Vous trouverez dans la discipline qui les anime, un excellent moyen de faire l'éducation publique dans le but voulu par l'organisation unitaire, et d'y maintenir le respect dû à l'autorité. Vous n'aurez qu'un mot à dire pour que des milliers de bras vous ouvrent des routes et des canaux et abaissent les montagnes sous vos pieds. Vous possédez des flottes sur lesquelles vous comptiez pour exploiter violemment le monde ? Au lieu de porter à travers les flots l'aspect de votre défiance et d'une puissance brutale, elles deviendront les véhicules d'une industrie rendue plus active. Vous vous sentez vous-même emporté par l'ambition des richesses ou de la renommée, et votre esprit n'a de jouissance que dans de vastes spéculations ? C'est là le témoignage de facultés supérieures ; faites des acquisitions et des conquêtes dans la paix et l'équité, par la puissance du travail et du génie : le champ du monde vout est ouvert !

Quel spectacle ne serait-ce pas pour le monde, si la Méditerranée et la mer Noire, aujourd'hui frémissantes sous la proue des flottes armées devenaient tout-à-coup un réservoir éternellement paisible pour le commerce entre l'Orient et l'Occident ! Nous avons dit, dans un sens figuré, que Constantinople est la *Tête* de l'univers ; nous ajouterons avec la même liberté, que les mers qui baignent ses murs en son le *Cœur*. Faites converger dans cette tête toute les idées du genre humain par l'appel des intelligences de toutes les nations ; faites circuler dans ce cœur la sève commerciale de toutes les parties du globe, en ouvrant des artères qui portent la vie à travers l'Asie et l'Afrique, aussi bien que d'un bout à l'autre de l'Europe et du Nouveau-Monde : alors vous serez en voie de résoudre la question d'Orient qui contient toutes les autres ; les deux mers centrales auront cessé de rouler les flots sanglants qui murmurent le nom de mille batailles vaines, depuis Salamine jusqu'à Navarin. Alors l'Ancien et le Nouveau-Monde auront commencé à se comprendre et à s'aimer ; la Méditerranée et la mer Noire seront devenues le lit nuptial de l'Orient et de l'Occident, et leur union enfantera les périodes infinies de bien-être pour les nations !

IV

Nécessité d'une autorité unitaire dominant et régissant les nations. — Tendance invincible de l'esprit humain à l'unité.

Il faut qu'une autorité supérieure, un pouvoir unitaire s'élève sur le monde et sur les nations du monde. L'unité est une loi absolue de la nature des sociétés, comme elle l'est de toute harmonie. Tant que cette loi ne sera pas satisfaite, les éléments sociaux, faute d'un point d'appui commun, resteront dans l'agitation, et livrés à un sort imprévu. Il n'y aura rien de stable et de définitif entre les peuples ; rien même qui garantisse d'une manière certaine les traités des princes entr'eux ; aucun foyer n'existera d'où la civilisation puisse rayonner avec mesure et uniformité.

L'unité est tellement une nécessité oganique de l'esprit humain, qu'elle a toujours tendu et qu'ell tend sans cesse à se réaliser. Dans les siècles qui ont précédé l'intelligente liberté des temps modernes, cette tendance a cherché sa satisfaction dans les éléments qui constituaient alors l'autorité. Ces éléments étaient l'héroïsme et la superstion. Les Césars, les Tamerlan, les Charlemagne, les Napoléon, quelques papes et Mahomet ont été les fragiles instruments de la tendance invincible des peuple vers cette attraction unitaire où semble résider le lit de repos de l'humanité. De nos jours encore cette tendance s'exerce au bénéfice des empereurs de Russie, et avec une prédominance telle, que quelques hommes regardent comme inévitables ses résultats.

Et ils le seront, en effet ; l'unité se réalisera infailliblement dans la volonté d'un conquérant, si elle ne l'est, auparavant, dans l'intelligence d'une imposante représentation sociale ; car rien n'arrêtera la pression invisible qui pousse de tous les points du monde vers l'unité.

Les monarques du Nord ont compris cet état de choses ; ils sentent bien que les peuples sympatisent et se comprennent, et aspirent de toute part à se donner la main : aussi ont-ils adopté l'idée de se hiérarchiser sous la tutelle de czars. C'est assurément la nécessité de chercher l'appui de l'unité qui aura déterminé l'Autriche et la Prusse à adhérer aux traités de Londres. Quant à l'Angleterre ; elle n'a pas sans doute cru s'inféoder ; mais en cela, elle a été dupe d'un vain orgueil, car si l'Angleterre se croit égale ou supérieure à la Russie en prépondérance unitaire et en moyens de cohésion et de conquête, l'Angleterre se trompe.

Il n'y a que deux nations qui puissent envahir le monde : la Russie par la force physique, et la France par la puissance morale. L'univers est près de devenir Russe ou Français, c'est-à-dire esclave ou libre. La Russie offre aux peuples l'unité d'autorité dans le chef; la France leur présente l'unité d'autorité dans le principe. Et ce principe proclamé en 1789 et en 1830, est celui de la souveraineté nationale qui implique, à une plus grande hauteur, la souveraineté du genre humain.

Non, rien n'arrêtera le dénouement du drame social, rien n'entravera le cours de la destinée unitaire; mais il est un moyen, je le répète, d'en assurer l'effet pacifique et de généraliser rationnellement la liberté et la civilisation. C'est la convocation des *Etats-généraux* de l'univers, c'est la solennelle représentation des peuples, formant une *Constituante* au sein de laquelle la voix des hommes indépendants puisse se faire entendre et plaider pour la justice dûe aux peuples et aux nations. Enfin c'est l'institution que je propose sous le titre de *Congrès universel et perpétuel.*

Un tel projet, me dit-on, n'est qu'un rêve; les mauvaises volontés, l'égoïsme s'opposeront à sa réalisation! En vérité, il faut beaucoup de candeur pour tenir un semblable langage en présence des efforts toujours vainqueurs de l'esprit humain. L'égoïsme! la mauvaise volonté! En serions-nous réduits, nous, fils de la révolution et de la victoire, nous, sentinelle avancée de la liberté du monde, à nous prosterner devant les vices honteux que nous avons foulé aux pieds tant de fois! Ho! non, croyez-le bien, le despotisme sous quelque forme qu'il se présente, n'arrêtera point sur la tête du genre humain son oppression fatale. Il y a de nos jours autant de cœurs généreux que d'ambitions sordides, et nommer les obstacles qui s'opposent de la destinée, c'est les avoir à moitié renversés.

Mais le congrès universel est autre chose qu'un rêve; il est un fait fondamental déduit de l'ordre des évènements sur lesquels s'élève graduellement l'édifice des sociétés. Voyez plutôt vous-même : les hommes se sont battus entr'eux au sujet des sexes, jusqu'à ce qu'une sanction conventionnelle ait été donnée à la constitution de la famille; les familles ont ensuite lutté dans leur individualisme pour aboutir à la constitution de la tribu ou province; les provinces ont été livrées à la guerre civile jusqu'à ce que leur unité fut consacrée dans la nation. Ainsi, c'était toujours le système conventionnel et unitaire, qui venait apporter aux éléments épars la paix et la stabilité. Maintenant la lutte est entre les nations. Que veulent-elles? De quelle nature est le malaise qui les agite?... Les nations aspirent aux avantages que l'association a apportés partout où elle a établi son domaine. Les nations veulent avoir un lieu commun qui leur assure une réciprocité facile et rapide de sentiments, d'idées et de produits commerciaux, lien semblable à celui qui a déjà procuré cette satisfaction aux agrégations inférieures qu'elle portent dans leur sein. Ce besoin est universel, et, par cela même, moral, religieux et politique; c'est pour cela que ses tendances se réaliseront, et qu'il serait glorieux pour la France de hâter un si important résultat.

Il faut proposer aux puissances du Nord, le congrès universel. — Leur refus sera une preuve irrécusable qu'ils en veulent aux libertés de la France. — Appel fait au ministère actuel, dans la personne de M. Thiers.

La première proposition du CONGRÈS UNIVERSEL devra d'abord être présentée aux quatre puissances qui viennent de renouer le pacte de la *Sainte-Alliance*. Si elles la repoussent; si elles rejettent l'arbitrage des *Etats-Généraux* des nations, alors la politique européenne sera plus nette qu'elle ne le fut jamais. Personne ne pourra plus douter que sous la question d'Orient, ne soit cachée une guerre de principe, guerre sourde et traîtresse du vieux despotisme contre la liberté moderne, et qu'entre les princes de la féodalité et la France, il n'y ait toute la distance qui sépare la providence et la fatalité.

Beaucoup de publicistes, et j'étais du nombre,

n'avaient aucun doute, à cet égard, après la révolution de juillet ; mais la nouvelle monarchie dans
une prudence requise par des intérêts dynastiques
mal compris, crut devoir augurer autrement.
Lesquels eurent raison des égoïstes qui dirent :
Chacun chez soi, chacun pour soi ! où des hommes
généreux qui voulaient tendre la main aux peuples
qui soulevaient leurs pesantes chaînes ? Les faits
prouvent aujourd'hui que la France ne peut point
impunément s'isoler ; qu'elle n'a pas reçu l'initiative
de la liberté pour l'étouffer dans son sein.

Mais le gouvernement se décidera-t-il à marcher
ouvertement, soit à la faveur de la paix, soit à
travers la guerre, dans la voie du progrès de la
liberté humaine ? Abandonnera-il la mesquine
devise : *Chacun chez soi, chacun pour soi ?* Se
passionnera-il pour le projet d'élever sur sa propre tête une juridiction comme celle dont le
CONGRÈS UNIVERSEL ET PERPÉTUEL offre le
spectacle solennel ! Consentira-t-il, enfin, à poser
de sa main la clef de voûte du vaste édifice de l'association des états et des nations, réalisant ainsi
le *Catholicisme social* qui apparut autrefois au
christianisme comme une sainte vision ?...

Pourquoi désespérer de voir le gouvernement
s'armer de résolution, surtout quand il n'a pas
pour son existence propre de garantie meilleu-
re ! Pour moi, je suis de ceux qui, à défaut d'un
gouvernement tout-à-fait national, ont fondé quel-

ques espérances dans le ministère du 1ᵉʳ mars et dans les résolutions dont on dit son chef capable. Si quelque chose doit fortifier les espérances des patriotes sincères de toutes les nuances, c'est surtout la haine que les potentats du nord viennent de manifester contre M. Thiers, par leur nouvelle alliance. A cet haine, nous devons reconnaître le ministre qui a dit du haut de la tribune : *Je suis l'enfant de la révolution !* Noble titre aux yeux de la France, lorsqu'elle a besoin d'un chef avec lequel elle puisse ouvrir sur le Monde une ère de loyale souveraineté ; car, avec ce chef ou tout autre, il faut que la France ouvre sur le monde une ère de loyale souveraineté.

M. Thiers pourrait parfaitement être le chef politique d'une si haute entreprise, car il est incontestablement, aujourd'hui, l'homme d'état le plus populaire et le plus puissant. M. Thiers est populaire, parce qu'il est sorti du sein fécond de la démocratie, et s'est élevé par son seul talent au-dessus des médiocrités parlementaires et gouvernementales de l'époque ; parce qu'il a soutenu avec conviction la cause du progrès en Espagne ; parce qu'il a repoussé, à la tête de la coalition, les empiétements de la nouvelle monarchie ; parce qu'il est revenu au ministère avec l'opinion, et qu'il n'a pas voulu y arriver sans elle ; enfin, parce qu'à la première nouvelle du traité de Londres, il ne s'est pas amusé à parlementer sur l'insulte faite à la France, mais qu'il a préparé

des armes pour la venger ! De tels traits de la part
d'un homme d'état laissent dans la reconnaissance
des peuples des traces durables, et il faudrait plus
que des récriminations de partis , plus qu'une faute,
plus que des calomnies banales et personnelles pour
enlever la sympathie du peuple français à l'auteur
qui, de plus, a écrit avec tant de verve l'histoire de
sa révolution.

Dernièrement un adversaire de M. Thiers l'a
appelé du nom de tribun ! Certes, ce titre n'est pas
sans honneur dans les annales, si de nos jours il est
difficile à porter ; si les exigeances de la démocratie et ses passions ardentes sont parfois de nature
à rebuter ses amis les plus dévoués, il n'en est pas
moins vrai que sans popularité, on ne saurait rien
faire désormais, en France ; mais surtout vis-à-vis
de l'étranger. C'est pour cela que M. Thiers est ,
dans les circonstances présentes , l'homme capital.
Si un tel *tribun* se mettait en tête détendre son
protectoral et celui de la France sur les peuples
opprimés, ses détracteurs en parleraient peut-être
avec moins de dédain.

L'on a aussi appelé M. Thiers du nom de dicta-
teur !... Qu'il le soit ; mais qu'il prenne garde ; car
il y a pour lui deux places à occuper dans l'opinion et dans l'histoire, l'une au-dessus de Washing-
ton, et l'autre au-dessous de Talleyrand.

VI

Moyens de contraindre les puissances belliqueuses à adhérer au congrès universel. — Considérations préliminaires. — Comités des révolutions extérieures. — Ouverture du congrès universel provisoire, à Paris. — La France n'a rien a redouter, en déployant sur le monde la puissance morale de ses révolutions.

L'on me demande quels seraient les moyens que la France devrait employer contre les puissances qui refuseraient d'adhérer au *congrès universel et perpétuel* des peuples?.... Je vais essayer de préciser d'abord quelques considérations de *principe*, de *nécessité* et d'*opportunité* sur lesquels il faudrait, avant de rien entreprendre, être irrévocablement d'accord.

EN PRINCIPE.

Être d'accord :

1° Que l'état général de la société humaine est

anormal, faute d'un lien commun entre les divers peuples, et d'une autorité suprême qui les régisse, d'un point de vue harmonique et unitaire ; par la puissance morale de ses décision, c'est-à-dire par une loi fondamentale commune.

2° Que l'absence d'une telle institution est l'unique cause des guerres de peuple à peuple, si fatales à la prospérité et à la moralité de tous.

3° Que pour faire cesser un état de choses qui fait de la force brutale l'arbitre des dissentions internationales, il faut faire appel à un congrès parlementaire qui place ces dissentions sous l'égide d'un droit des gens et des nations.

4° Qu'un tel congrès (par analogie à la législature d'un pays libre) doit se composer des divers intéressés, de telle sorte que la sanction donnée aux traités soit raisonnée, volontaire, pacifique, et par cela même, placée aussi haut que la justice humaine puisse s'élever.

5° Que les intérêts d'un état ne pouvant être absolument indépendants des intérêts des autres états, la rationalité du congrès exige que tous soient appelés à s'y faire représenter ; et que pour ce qui concerne en particulier la question d'Orient, l'Asie toute entière y est trop intéressée pour que rien puisse se conclure sans le concours des divers peuples de ce continent.

6° Que le point du globe le plus propre par sa position géographique, à devenir le centre des relations politiques et commerciales est Constantinople (1).

EN FAIT DE NÉCESSITÉ ET D'OPPORTUNITÉ.

Être d'accord :

1° Que la question d'Orient donne lieu à des manifestations qui prouvent que l'inharmonie agite encore profondément les entrailles des nations, et que l'égoïsme, né de la misère et de l'avilissement, nourrit encore des tendances à la conquête et à l'exploitation des peuples faibles par les peuples forts.

2° Que la personnification la plus nette de cette tendance barbare est la Russie.

3° Que la Russie ne peut plus modérer cette tendance et qu'elle profite des dissentiments élevés au sujet des affaires et du délabrement de la Turquie,

(1) Bien avant que Constantin eût transporté à Bysance le siège de l'empire de Rome, la position du Bosphore était considérée comme la plus propre à fonder la capitale du monde. Les Turcs au moyen-âge considéraient Constantinople comme la position qui devait leur assurer la domination de l'Europe aussi bien que celle de l'Asie. De nos jours, Ch. Fourier a désigné Constantinople comme le centre universel, et M. Considérant, son principal disciple, jeune homme d'une grande espérance parmi les hommes de l'avenir, a publié, l'hiver dernier, une brochure fort remarquable sur le *rôle de la France en Europe*, et désigne aussi Constantinople comme centre des relations diplomatiques.

pour s'emparer de Constantinople, la citadelle du monde, afin de mettre à exécution son projet fatal de dominer l'univers.

4° Que le congrès de Londres prouve que le système de l'oppression et de la conquête peut rencontrer encore des complices, et que les monarques absolus paraissent disposés à inféoder leur peuple à la Russie, plutôt que de voir éclore dans leurs états des institutions libérales, analogues à celles qui sont nées en France de nos révolutions.

5° Qu'une semblable politique tend à imposer à l'univers entier l'unité de chef et de volonté, c'est-à-dire le despotisme.

6° Que pour prévenir les résultats funestes de l'alliance des rois dans la force, il faut que les peuples s'allient dans le principe pacifique de l'association, et fondent une institution qui établisse et maintienne l'harmonie entre-eux, par la distribution intellectuelle d'une commune justice et d'un commun intérêt.

7° Que la personnification nationale la plus nette de l'association, et de l'égalité devant la loi, est la France.

8° Qu'en conséquence la France est la tête d'opposition au système de la Russie, et qu'entre ces deux puissances se résume la question universelle du despotisme et de la liberté dans l'univers.

9° Que cette lutte de la tyranie brutale, contre la liberté ne sera terminée que lorsque l'association définitive des éléments moraux et matériels aura été sanctionnée par un congrès universel, et maintenue par la perpétuité de ce congrès.

10° Que le but à atteindre, sans délai, pour la France, grande protectrice des peuples dans l'ordre de l'initiation, est la constitution du congrès universel et perpétuel; après quoi son rôle militant, ainsi que celui des autres nations en particulier, sera terminé, la puissance de direction et la juridiction commune résidant dès lors dans le congrès...

Venons maintenant aux moyens propres à contraindre les puissances conquérantes et despotiques à accéder, au congrès universel et perpétuel.

Ces moyens consistent à combiner, dans le but déterminé, les éléments moraux et matériels dont dispose la France: la presse à l'état actif, et le canon à l'état passif, tels sont les deux principaux instruments disciplinaires de la réforme générale.

Ainsi, de bonnes armées prêtes à marcher...

Une déclaration de notre chambre élective proclamant la liberté et l'ordre dans tout l'univers, et la France protectrice et alliée de tous les Etats qui acceptent la juridiction du congrès (1).

____

(1) Bien des lecteurs vont douter que la chambre actuelle soit à la hauteur d'une telle résolution, j'en doute aussi ; mais nous touchons au moment où une sage réforme, exigée par la raison et par l'opinion, viendra épurer la législature et en fortifier l'esprit.

Un *Comité central de la presse extérieure* séant à Paris, et ayant des succursales sur tous les points d'où l'on peut travailler, par la publicité, les États ennemis.

Un *Comité des missions pour la civilisation du monde*, s'appliquant à démontrer l'identité d'une morale fraternelle chez tous les peuples, et dans les principales religions.

Un *Comité régulateur*, occupé de diriger les mouvements révolutionnaires de l'extérieur, de manière que ces mouvements coïncident avec la possibilité d'être appuyés par la France ou par ses alliés.

L'ouverture, dès 1841, à Paris, *du Congrès universel provisoire*, en attendant qu'il puisse être transporté à Constantinople, capitale définitive des hautes relations politiques. Seraient admis à ce congrès les députés des souverains qui auraient adhéré à l'institution, et les délégués des partis révolutionnaires en lutte ouverte contre les despotes récalcitran. Une telle assemblée serait infiniment propre à seconder l'œuvre que la France aurait entreprise; elle serait le *Jeu de Paume* des peuples.

Voilà, selon moi, les moyens d'exécution; non pas leur nombre, mais leur nature et leur direction.

Une telle manifestation, me dit-on, amènerait une conflagration générale ! je n'en doute pas, mais si les grandes puissances de l'Europe persistent à se coaliser contre nous et contre les libertés des peuples, n'est-il pas évident, de quelque dissimulation qu'elles couvrent leur haine, que la guerre existe de fait, une guerre sourde et traitresse qui ruine nos moyens et discrédite notre influence? Si la guerre doit être faite, la France et les peuples ont intérêt à ce qu'elle soit autre chose qu'un amusement princier et le prélude d'un acabit diplomatique ; il faut la guerre solennelle et grande, il la faut belle d'énergie et d'intelligence, et jetant sur l'horizon du monde, le dernier éclat de son héroïsme expirant !

La France n'a rien à redouter en déployant sur l'univers la puissance morale de ses révolutions ; du jour où elle lèvera un étendard portant la devise de la liberté et de l'association des peuples, on verra l'Italie, la Pologne, l'Irlande, la Savoie, la Grèce, les îles Ioniennes, les provinces Rhénanes, plusieurs colonies Anglaises se lever comme l'ombre menaçante des morts contre la tyrannie qui les opprime. Nous avons des sympathies assurées aux Etats-Unis, dans les Etats d'Allemagne, et en Suisse. Nous en avons au sein même du vaste Empire Moscovite, et les inombrables peuples de l'Asie, protégés contre la conquête Russe et Anglaise qui les presse de toute part, ne demandent qu'à se jeter dans nos bras.

Mais nous avons pour nous quelque chose de plus puissant encore, la conscience du droit, la reconnaissance des peuples et l'admiration de la postérité.

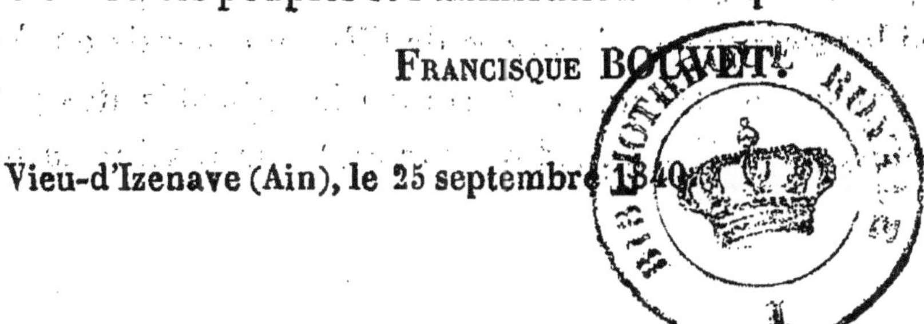

Francisque BOUVET.

Vieu-d'Izenave (Ain), le 25 septembre 1840.